ስም / Name: ____________________

ዕድሜ / Age: ____________________

የተወደደ ቃል ____________________
Favorite Word

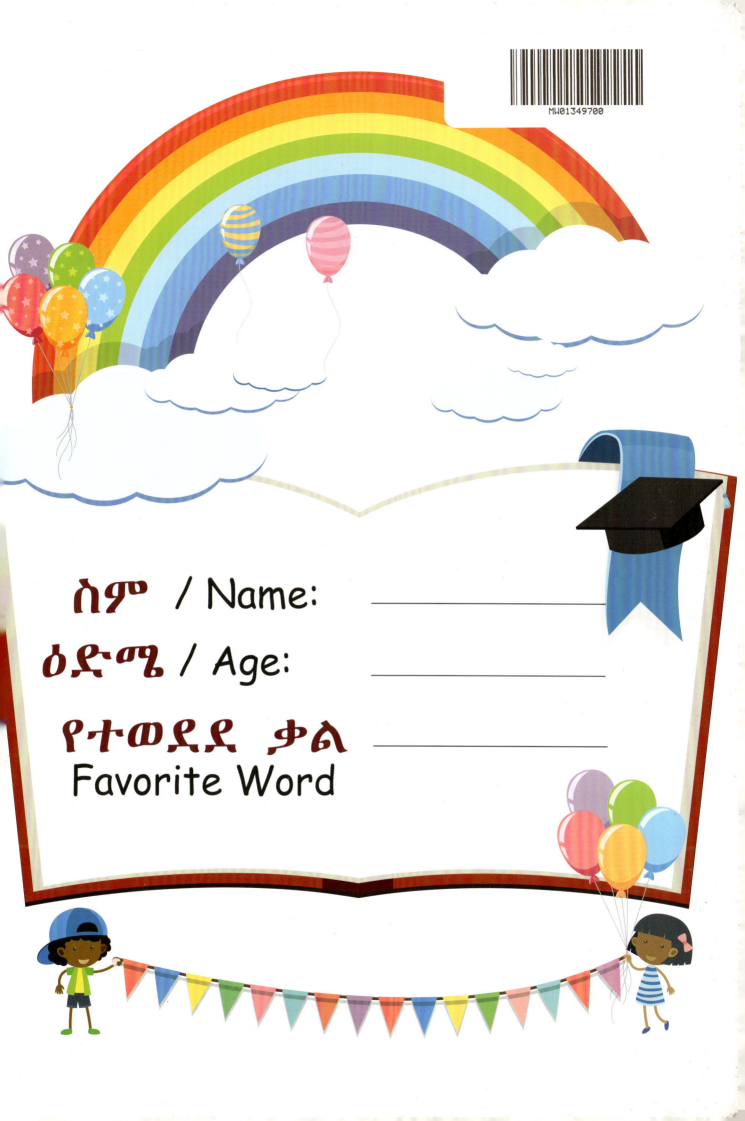

ሀ (H’a)

ሀ	ሀ	ሀ	ሀ	ሀ	ሀ	ሀ	ሀ
ሁ	ሁ	ሁ	ሁ	ሁ	ሁ	ሁ	ሁ
ሂ	ሂ	ሂ	ሂ	ሂ	ሂ	ሂ	ሂ
ሃ	ሃ	ሃ	ሃ	ሃ	ሃ	ሃ	ሃ
ሄ	ሄ	ሄ	ሄ	ሄ	ሄ	ሄ	ሄ
ህ	ህ	ህ	ህ	ህ	ህ	ህ	ህ
ሆ	ሆ	ሆ	ሆ	ሆ	ሆ	ሆ	ሆ

ለ (L’e)

ለ	ለ	ለ	ለ	ለ	ለ	ለ	ለ
ሉ	ሉ	ሉ	ሉ	ሉ	ሉ	ሉ	ሉ
ሊ	ሊ	ሊ	ሊ	ሊ	ሊ	ሊ	ሊ
ላ	ላ	ላ	ላ	ላ	ላ	ላ	ላ
ሌ	ሌ	ሌ	ሌ	ሌ	ሌ	ሌ	ሌ
ል	ል	ል	ል	ል	ል	ል	ል
ሎ	ሎ	ሎ	ሎ	ሎ	ሎ	ሎ	ሎ

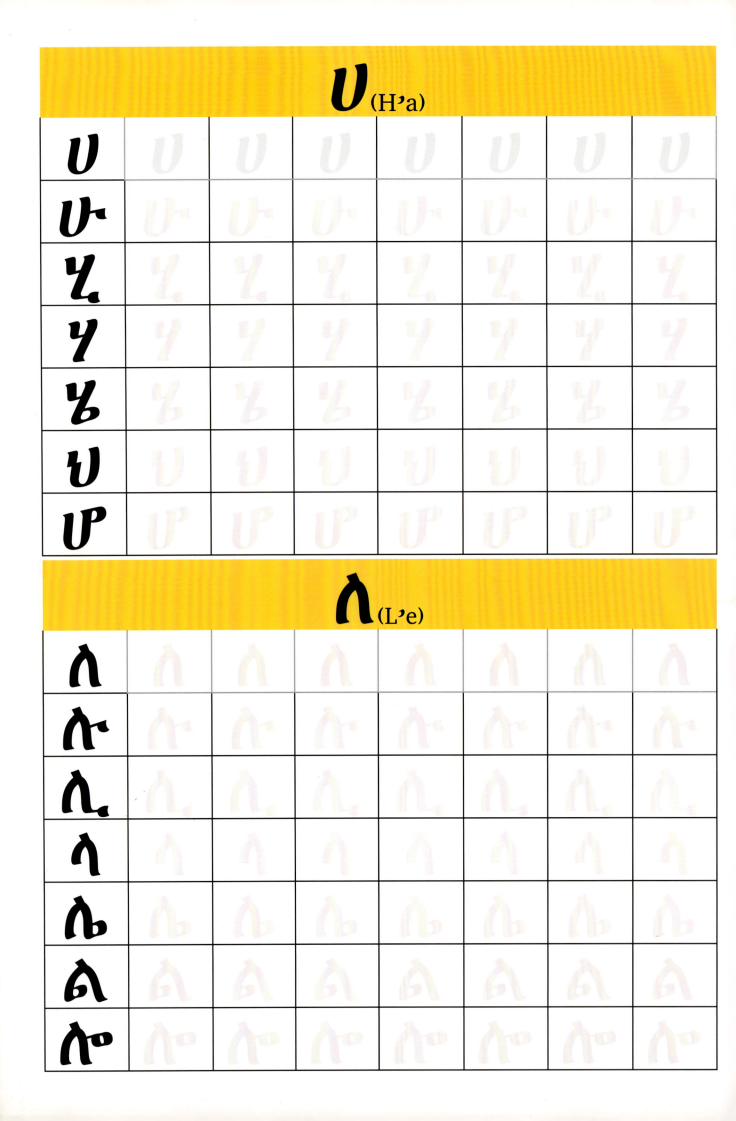

ሀ (H'a)	ሀ	ሁ	ሂ	ሃ	ሄ	ህ	ሆ

ለ (L'e)	ለ	ሉ	ሊ	ላ	ሌ	ል	ሎ

/20

ሐ (H'a)

ሐ	ሐ	ሐ	ሐ	ሐ	ሐ	ሐ	ሐ
ሑ	ሑ	ሑ	ሑ	ሑ	ሑ	ሑ	ሑ
ሒ	ሒ	ሒ	ሒ	ሒ	ሒ	ሒ	ሒ
ሓ	ሓ	ሓ	ሓ	ሓ	ሓ	ሓ	ሓ
ሔ	ሔ	ሔ	ሔ	ሔ	ሔ	ሔ	ሔ
ሕ	ሕ	ሕ	ሕ	ሕ	ሕ	ሕ	ሕ
ሖ	ሖ	ሖ	ሖ	ሖ	ሖ	ሖ	ሖ

መ (M'e)

መ	መ	መ	መ	መ	መ	መ	መ
ሙ	ሙ	ሙ	ሙ	ሙ	ሙ	ሙ	ሙ
ሚ	ሚ	ሚ	ሚ	ሚ	ሚ	ሚ	ሚ
ማ	ማ	ማ	ማ	ማ	ማ	ማ	ማ
ሜ	ሜ	ሜ	ሜ	ሜ	ሜ	ሜ	ሜ
ም	ም	ም	ም	ም	ም	ም	ም
ሞ	ሞ	ሞ	ሞ	ሞ	ሞ	ሞ	ሞ

ሐ (H'a)	ሐ	ሑ	ሒ	ሓ	ሔ	ሕ	ሖ

መ (M'e)	መ	ሙ	ሚ	ማ	ሜ	ም	ሞ

ሠ (S'e)

ሠ	ሠ	ሠ	ሠ	ሠ	ሠ	ሠ	ሠ
ሡ	ሡ	ሡ	ሡ	ሡ	ሡ	ሡ	ሡ
ሢ	ሢ	ሢ	ሢ	ሢ	ሢ	ሢ	ሢ
ሣ	ሣ	ሣ	ሣ	ሣ	ሣ	ሣ	ሣ
ሤ	ሤ	ሤ	ሤ	ሤ	ሤ	ሤ	ሤ
ሥ	ሥ	ሥ	ሥ	ሥ	ሥ	ሥ	ሥ
ሦ	ሦ	ሦ	ሦ	ሦ	ሦ	ሦ	ሦ

ረ (R'e)

ረ	ረ	ረ	ረ	ረ	ረ	ረ	ረ
ሩ	ሩ	ሩ	ሩ	ሩ	ሩ	ሩ	ሩ
ሪ	ሪ	ሪ	ሪ	ሪ	ሪ	ሪ	ሪ
ራ	ራ	ራ	ራ	ራ	ራ	ራ	ራ
ሬ	ሬ	ሬ	ሬ	ሬ	ሬ	ሬ	ሬ
ር	ር	ር	ር	ር	ር	ር	ር
ሮ	ሮ	ሮ	ሮ	ሮ	ሮ	ሮ	ሮ

ሠ (S'e)	ሠ	ሡ	ሢ	ሣ	ሤ	ሥ	ሦ

ረ (R'e)	ረ	ሩ	ሪ	ራ	ሬ	ር	ሮ

ሰ (S'e)

ሰ							
ሱ							
ሲ							
ሳ							
ሴ							
ስ							
ሶ							

ሸ (Sh'e)

ሸ							
ሹ							
ሺ							
ሻ							
ሼ							
ሽ							
ሾ							

ሰ (S'e)	ሰ	ሱ	ሲ	ሳ	ሴ	ስ	ሶ

ሸ (Sh'e)	ሸ	ሹ	ሺ	ሻ	ሼ	ሽ	ሾ

ፈደሰን በቶሎ

ቀ (Qq'e)

ቀ	ቀ	ቀ	ቀ	ቀ	ቀ	ቀ	ቀ
ቁ	ቁ	ቁ	ቁ	ቁ	ቁ	ቁ	ቁ
ቂ	ቂ	ቂ	ቂ	ቂ	ቂ	ቂ	ቂ
ቃ	ቃ	ቃ	ቃ	ቃ	ቃ	ቃ	ቃ
ቄ	ቄ	ቄ	ቄ	ቄ	ቄ	ቄ	ቄ
ቅ	ቅ	ቅ	ቅ	ቅ	ቅ	ቅ	ቅ
ቆ	ቆ	ቆ	ቆ	ቆ	ቆ	ቆ	ቆ

በ (B'e)

በ	በ	በ	በ	በ	በ	በ	በ
ቡ	ቡ	ቡ	ቡ	ቡ	ቡ	ቡ	ቡ
ቢ	ቢ	ቢ	ቢ	ቢ	ቢ	ቢ	ቢ
ባ	ባ	ባ	ባ	ባ	ባ	ባ	ባ
ቤ	ቤ	ቤ	ቤ	ቤ	ቤ	ቤ	ቤ
ብ	ብ	ብ	ብ	ብ	ብ	ብ	ብ
ቦ	ቦ	ቦ	ቦ	ቦ	ቦ	ቦ	ቦ

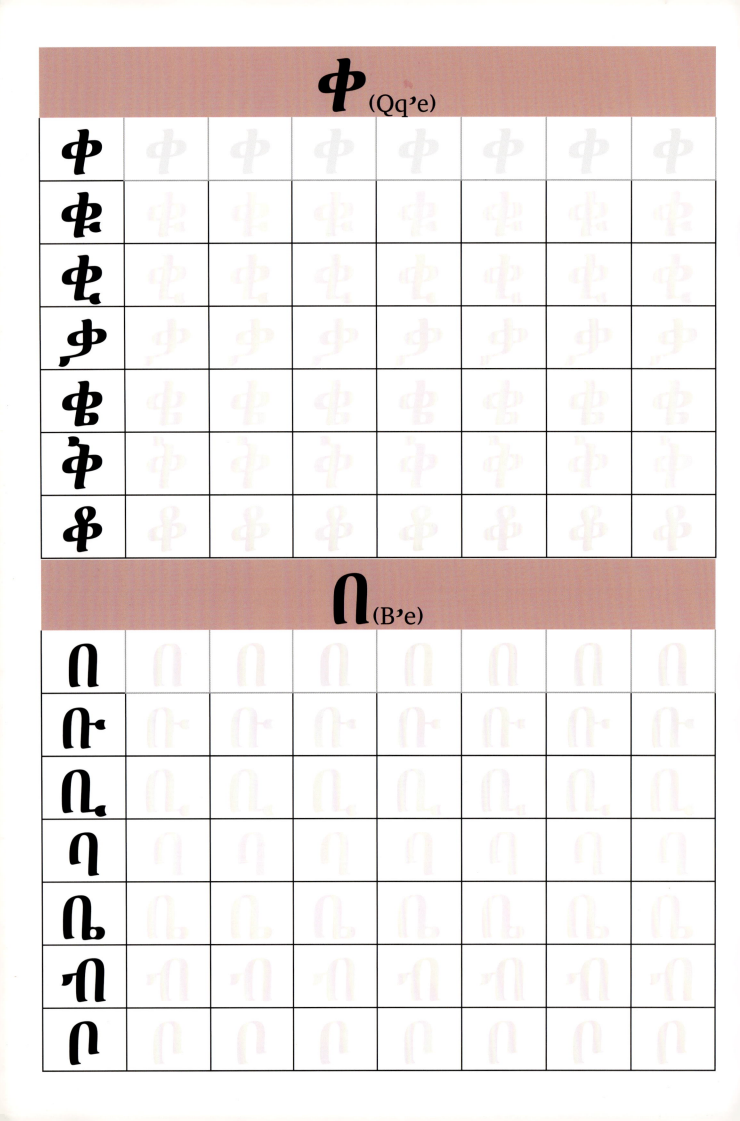

ቀ (Qq’e)	ቀ	ቁ	ቂ	ቃ	ቄ	ቅ	ቆ

በ (B’e)	በ	ቡ	ቢ	ባ	ቤ	ብ	ቦ

20

ፊደሌን በቶሎ

ቨ (V’e)

ቨ							
ቩ							
ቪ							
ቫ							
ቬ							
ቭ							
ቮ							

ተ (T’e)

ተ							
ቱ							
ቲ							
ታ							
ቴ							
ት							
ቶ							

ቨ (V'e)	ቨ	ቩ	ቪ	ቫ	ቬ	ቭ	ቮ

ተ (T'e)	ተ	ቱ	ቲ	ታ	ቴ	ት	ቶ

ፊደሌን በቶሎ

ቸ(CH’e)

ቸ	ቸ	ቸ	ቸ	ቸ	ቸ	ቸ	ቸ
ቹ	ቹ	ቹ	ቹ	ቹ	ቹ	ቹ	ቹ
ቺ	ቺ	ቺ	ቺ	ቺ	ቺ	ቺ	ቺ
ቻ	ቻ	ቻ	ቻ	ቻ	ቻ	ቻ	ቻ
ቼ	ቼ	ቼ	ቼ	ቼ	ቼ	ቼ	ቼ
ች	ች	ች	ች	ች	ች	ች	ች
ቾ	ቾ	ቾ	ቾ	ቾ	ቾ	ቾ	ቾ

ኀ(H’a)

ኀ	ኀ	ኀ	ኀ	ኀ	ኀ	ኀ	ኀ
ኁ	ኁ	ኁ	ኁ	ኁ	ኁ	ኁ	ኁ
ኂ	ኂ	ኂ	ኂ	ኂ	ኂ	ኂ	ኂ
ኃ	ኃ	ኃ	ኃ	ኃ	ኃ	ኃ	ኃ
ኄ	ኄ	ኄ	ኄ	ኄ	ኄ	ኄ	ኄ
ኅ	ኅ	ኅ	ኅ	ኅ	ኅ	ኅ	ኅ
ኆ	ኆ	ኆ	ኆ	ኆ	ኆ	ኆ	ኆ

ቸ (CH’e)	ቸ	ቹ	ቺ	ቻ	ቼ	ች	ቾ

ኀ (H’a)	ኀ	ኁ	ኂ	ኃ	ኄ	ኅ	ኆ

ነ (N’e)

ነ	ነ	ነ	ነ	ነ	ነ	ነ	ነ
ኑ	ኑ	ኑ	ኑ	ኑ	ኑ	ኑ	ኑ
ኒ	ኒ	ኒ	ኒ	ኒ	ኒ	ኒ	ኒ
ና	ና	ና	ና	ና	ና	ና	ና
ኔ	ኔ	ኔ	ኔ	ኔ	ኔ	ኔ	ኔ
ን	ን	ን	ን	ን	ን	ን	ን
ኖ	ኖ	ኖ	ኖ	ኖ	ኖ	ኖ	ኖ

ኘ (gn’e)

ኘ	ኘ	ኘ	ኘ	ኘ	ኘ	ኘ	ኘ
ኙ	ኙ	ኙ	ኙ	ኙ	ኙ	ኙ	ኙ
ኚ	ኚ	ኚ	ኚ	ኚ	ኚ	ኚ	ኚ
ኛ	ኛ	ኛ	ኛ	ኛ	ኛ	ኛ	ኛ
ኜ	ኜ	ኜ	ኜ	ኜ	ኜ	ኜ	ኜ
ኝ	ኝ	ኝ	ኝ	ኝ	ኝ	ኝ	ኝ
ኞ	ኞ	ኞ	ኞ	ኞ	ኞ	ኞ	ኞ

ነ (N’e)	ነ	ኑ	ኒ	ና	ኔ	ን	ኖ

ኘ (gn’e)	ኘ	ኙ	ኚ	ኛ	ኜ	ኝ	ኞ

አ(ʻA)

አ	አ	አ	አ	አ	አ	አ	አ
ኡ	ኡ	ኡ	ኡ	ኡ	ኡ	ኡ	ኡ
ኢ	ኢ	ኢ	ኢ	ኢ	ኢ	ኢ	ኢ
ኣ	ኣ	ኣ	ኣ	ኣ	ኣ	ኣ	ኣ
ኤ	ኤ	ኤ	ኤ	ኤ	ኤ	ኤ	ኤ
እ	እ	እ	እ	እ	እ	እ	እ
ኦ	ኦ	ኦ	ኦ	ኦ	ኦ	ኦ	ኦ

ከ(K’e)

ከ	ከ	ከ	ከ	ከ	ከ	ከ	ከ
ኩ	ኩ	ኩ	ኩ	ኩ	ኩ	ኩ	ኩ
ኪ	ኪ	ኪ	ኪ	ኪ	ኪ	ኪ	ኪ
ካ	ካ	ካ	ካ	ካ	ካ	ካ	ካ
ኬ	ኬ	ኬ	ኬ	ኬ	ኬ	ኬ	ኬ
ክ	ክ	ክ	ክ	ክ	ክ	ክ	ክ
ኮ	ኮ	ኮ	ኮ	ኮ	ኮ	ኮ	ኮ

አ (A)	አ	ኡ	ኢ	ኣ	ኤ	እ	ኦ

ከ (K’e)	ከ	ኩ	ኪ	ካ	ኬ	ክ	ኮ

ኸ (H’e)

ኸ	ኸ	ኸ	ኸ	ኸ	ኸ	ኸ	ኸ
ኹ	ኹ	ኹ	ኹ	ኹ	ኹ	ኹ	ኹ
ኺ	ኺ	ኺ	ኺ	ኺ	ኺ	ኺ	ኺ
ኻ	ኻ	ኻ	ኻ	ኻ	ኻ	ኻ	ኻ
ኼ	ኼ	ኼ	ኼ	ኼ	ኼ	ኼ	ኼ
ኽ	ኽ	ኽ	ኽ	ኽ	ኽ	ኽ	ኽ
ኾ	ኾ	ኾ	ኾ	ኾ	ኾ	ኾ	ኾ

ወ (W’e)

ወ	ወ	ወ	ወ	ወ	ወ	ወ	ወ
ዉ	ዉ	ዉ	ዉ	ዉ	ዉ	ዉ	ዉ
ዊ	ዊ	ዊ	ዊ	ዊ	ዊ	ዊ	ዊ
ዋ	ዋ	ዋ	ዋ	ዋ	ዋ	ዋ	ዋ
ዌ	ዌ	ዌ	ዌ	ዌ	ዌ	ዌ	ዌ
ው	ው	ው	ው	ው	ው	ው	ው
ዎ	ዎ	ዎ	ዎ	ዎ	ዎ	ዎ	ዎ

ኸ (H'e)	ኸ	ኹ	ኺ	ኻ	ኼ	ኽ	ኾ

ወ (W'e)	ወ	ዉ	ዊ	ዋ	ዌ	ው	ዎ

ዐ ('A)

ዐ	ዐ	ዐ	ዐ	ዐ	ዐ	ዐ	ዐ
ዑ	ዑ	ዑ	ዑ	ዑ	ዑ	ዑ	ዑ
ዒ	ዒ	ዒ	ዒ	ዒ	ዒ	ዒ	ዒ
ዓ	ዓ	ዓ	ዓ	ዓ	ዓ	ዓ	ዓ
ዔ	ዔ	ዔ	ዔ	ዔ	ዔ	ዔ	ዔ
ዕ	ዕ	ዕ	ዕ	ዕ	ዕ	ዕ	ዕ
ዖ	ዖ	ዖ	ዖ	ዖ	ዖ	ዖ	ዖ

ዘ (Z'e)

ዘ	ዘ	ዘ	ዘ	ዘ	ዘ	ዘ	ዘ
ዙ	ዙ	ዙ	ዙ	ዙ	ዙ	ዙ	ዙ
ዚ	ዚ	ዚ	ዚ	ዚ	ዚ	ዚ	ዚ
ዛ	ዛ	ዛ	ዛ	ዛ	ዛ	ዛ	ዛ
ዜ	ዜ	ዜ	ዜ	ዜ	ዜ	ዜ	ዜ
ዝ	ዝ	ዝ	ዝ	ዝ	ዝ	ዝ	ዝ
ዞ	ዞ	ዞ	ዞ	ዞ	ዞ	ዞ	ዞ

	ዐ	ዑ	ዒ	ዓ	ዔ	ዕ	ዖ
ዐ (A)							

	ዘ	ዙ	ዚ	ዛ	ዜ	ዝ	ዞ
ዘ (Z'e)							

ፊደሌን በቶሎ

ዠ (ZH'e)

ዠ	ዠ	ዠ	ዠ	ዠ	ዠ	ዠ	ዠ
ዡ	ዡ	ዡ	ዡ	ዡ	ዡ	ዡ	ዡ
ዢ	ዢ	ዢ	ዢ	ዢ	ዢ	ዢ	ዢ
ዣ	ዣ	ዣ	ዣ	ዣ	ዣ	ዣ	ዣ
ዤ	ዤ	ዤ	ዤ	ዤ	ዤ	ዤ	ዤ
ዥ	ዥ	ዥ	ዥ	ዥ	ዥ	ዥ	ዥ
ዦ	ዦ	ዦ	ዦ	ዦ	ዦ	ዦ	ዦ

የ (Y'e)

የ	የ	የ	የ	የ	የ	የ	የ
ዩ	ዩ	ዩ	ዩ	ዩ	ዩ	ዩ	ዩ
ዪ	ዪ	ዪ	ዪ	ዪ	ዪ	ዪ	ዪ
ያ	ያ	ያ	ያ	ያ	ያ	ያ	ያ
ዬ	ዬ	ዬ	ዬ	ዬ	ዬ	ዬ	ዬ
ይ	ይ	ይ	ይ	ይ	ይ	ይ	ይ
ዮ	ዮ	ዮ	ዮ	ዮ	ዮ	ዮ	ዮ

ዠ (ZH'e)	ዠ	ዡ	ዢ	ዣ	ዤ	ዥ	ዦ

የ (Y'e)	የ	ዩ	ዪ	ያ	ዬ	ይ	ዮ

ይ (D'e)

ይ							
ዪ							
ዲ							
ዳ							
ዶ							
ዴ							
ድ							

ጀ (J'e)

ጀ							
ጁ							
ጂ							
ጃ							
ጄ							
ጅ							
ጆ							

ደ (D'e)	ደ	ዱ	ዲ	ዳ	ዴ	ድ	ዶ

ጀ (J'e)	ጀ	ጁ	ጂ	ጃ	ጄ	ጅ	ጆ

ገ(G'e)

ገ	ገ	ገ	ገ	ገ	ገ	ገ	ገ
ጉ	ጉ	ጉ	ጉ	ጉ	ጉ	ጉ	ጉ
ጊ	ጊ	ጊ	ጊ	ጊ	ጊ	ጊ	ጊ
ጋ	ጋ	ጋ	ጋ	ጋ	ጋ	ጋ	ጋ
ጌ	ጌ	ጌ	ጌ	ጌ	ጌ	ጌ	ጌ
ግ	ግ	ግ	ግ	ግ	ግ	ግ	ግ
ጎ	ጎ	ጎ	ጎ	ጎ	ጎ	ጎ	ጎ

ጠ(Tt'e)

ጠ	ጠ	ጠ	ጠ	ጠ	ጠ	ጠ	ጠ
ጡ	ጡ	ጡ	ጡ	ጡ	ጡ	ጡ	ጡ
ጢ	ጢ	ጢ	ጢ	ጢ	ጢ	ጢ	ጢ
ጣ	ጣ	ጣ	ጣ	ጣ	ጣ	ጣ	ጣ
ጤ	ጤ	ጤ	ጤ	ጤ	ጤ	ጤ	ጤ
ጥ	ጥ	ጥ	ጥ	ጥ	ጥ	ጥ	ጥ
ጦ	ጦ	ጦ	ጦ	ጦ	ጦ	ጦ	ጦ

ገ (G'e)	ገ	ጉ	ጊ	ጋ	ጌ	ግ	ጎ

ጠ (Tt'e)	ጠ	ጡ	ጢ	ጣ	ጤ	ጥ	ጦ

/20

ጨ (Tch’e)

ጨ	ጨ	ጨ	ጨ	ጨ	ጨ	ጨ	ጨ
ጩ	ጩ	ጩ	ጩ	ጩ	ጩ	ጩ	ጩ
ጪ	ጪ	ጪ	ጪ	ጪ	ጪ	ጪ	ጪ
ጫ	ጫ	ጫ	ጫ	ጫ	ጫ	ጫ	ጫ
ጬ	ጬ	ጬ	ጬ	ጬ	ጬ	ጬ	ጬ
ጭ	ጭ	ጭ	ጭ	ጭ	ጭ	ጭ	ጭ
ጮ	ጮ	ጮ	ጮ	ጮ	ጮ	ጮ	ጮ

ጰ (Pp’e)

ጰ	ጰ	ጰ	ጰ	ጰ	ጰ	ጰ	ጰ
ጱ	ጱ	ጱ	ጱ	ጱ	ጱ	ጱ	ጱ
ጲ	ጲ	ጲ	ጲ	ጲ	ጲ	ጲ	ጲ
ጳ	ጳ	ጳ	ጳ	ጳ	ጳ	ጳ	ጳ
ጴ	ጴ	ጴ	ጴ	ጴ	ጴ	ጴ	ጴ
ጵ	ጵ	ጵ	ጵ	ጵ	ጵ	ጵ	ጵ
ጶ	ጶ	ጶ	ጶ	ጶ	ጶ	ጶ	ጶ

ጨ (Tch’e)	ጨ	ጩ	ጪ	ጫ	ጬ	ጭ	ጮ

ጰ (Pp’e)	ጰ	ጱ	ጲ	ጳ	ጴ	ጵ	ጶ

20

ጸ (Ts’e)

ጸ	ጸ	ጸ	ጸ	ጸ	ጸ	ጸ	ጸ
ጹ	ጹ	ጹ	ጹ	ጹ	ጹ	ጹ	ጹ
ጺ	ጺ	ጺ	ጺ	ጺ	ጺ	ጺ	ጺ
ጻ	ጻ	ጻ	ጻ	ጻ	ጻ	ጻ	ጻ
ጼ	ጼ	ጼ	ጼ	ጼ	ጼ	ጼ	ጼ
ጽ	ጽ	ጽ	ጽ	ጽ	ጽ	ጽ	ጽ
ጾ	ጾ	ጾ	ጾ	ጾ	ጾ	ጾ	ጾ

ፀ (Ts’e)

ፀ	ፀ	ፀ	ፀ	ፀ	ፀ	ፀ	ፀ
ፁ	ፁ	ፁ	ፁ	ፁ	ፁ	ፁ	ፁ
ፂ	ፂ	ፂ	ፂ	ፂ	ፂ	ፂ	ፂ
ፃ	ፃ	ፃ	ፃ	ፃ	ፃ	ፃ	ፃ
ፄ	ፄ	ፄ	ፄ	ፄ	ፄ	ፄ	ፄ
ፅ	ፅ	ፅ	ፅ	ፅ	ፅ	ፅ	ፅ
ፆ	ፆ	ፆ	ፆ	ፆ	ፆ	ፆ	ፆ

ጸ (Ts'e)	ጸ	ጹ	ጺ	ጻ	ጼ	ጽ	ጾ

ፀ (Ts'e)	ፀ	ፁ	ፂ	ፃ	ፄ	ፅ	ፆ

ፈ (F’e)

ፈ	ፈ	ፈ	ፈ	ፈ	ፈ	ፈ	ፈ
ፉ	ፉ	ፉ	ፉ	ፉ	ፉ	ፉ	ፉ
ፊ	ፊ	ፊ	ፊ	ፊ	ፊ	ፊ	ፊ
ፋ	ፋ	ፋ	ፋ	ፋ	ፋ	ፋ	ፋ
ፌ	ፌ	ፌ	ፌ	ፌ	ፌ	ፌ	ፌ
ፍ	ፍ	ፍ	ፍ	ፍ	ፍ	ፍ	ፍ
ፎ	ፎ	ፎ	ፎ	ፎ	ፎ	ፎ	ፎ

ፐ (P’e)

ፐ	ፐ	ፐ	ፐ	ፐ	ፐ	ፐ	ፐ
ፑ	ፑ	ፑ	ፑ	ፑ	ፑ	ፑ	ፑ
ፒ	ፒ	ፒ	ፒ	ፒ	ፒ	ፒ	ፒ
ፓ	ፓ	ፓ	ፓ	ፓ	ፓ	ፓ	ፓ
ፔ	ፔ	ፔ	ፔ	ፔ	ፔ	ፔ	ፔ
ፕ	ፕ	ፕ	ፕ	ፕ	ፕ	ፕ	ፕ
ፖ	ፖ	ፖ	ፖ	ፖ	ፖ	ፖ	ፖ

ፈ (F’e)	ፈ	ፉ	ፊ	ፋ	ፌ	ፍ	ፎ

ፐ (P’e)	ፐ	ፑ	ፒ	ፓ	ፔ	ፕ	ፖ

ፈደሌን በቶሎ

ሏ	ሏ	ሏ					
ሟ	ሟ	ሟ					
ሯ	ሯ	ሯ					
ሷ	ሷ	ሷ					
ሿ	ሿ	ሿ					
ቧ	ቧ	ቧ					
ቯ	ቯ	ቯ					
ቷ	ቷ	ቷ					
ቿ	ቿ	ቿ					
ኗ	ኗ	ኗ					

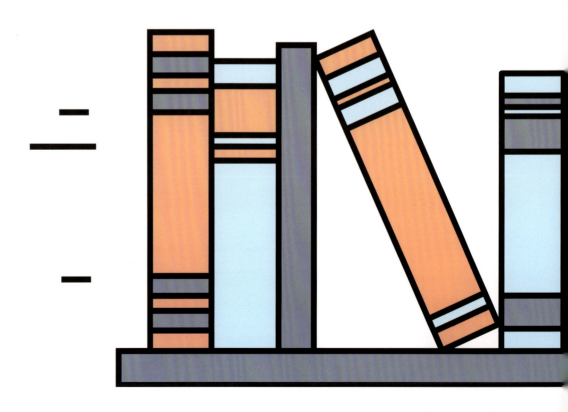

ኟ	ኟ	ኟ					
ኧ	ኧ	ኧ					
ዟ	ዟ	ዟ					
ዧ	ዧ	ዧ					
ዷ	ዷ	ዷ					
ጇ	ጇ	ጇ					
ጧ	ጧ	ጧ					
ጯ	ጯ	ጯ					
ጿ	ጿ	ጿ					
ፏ	ፏ	ፏ					

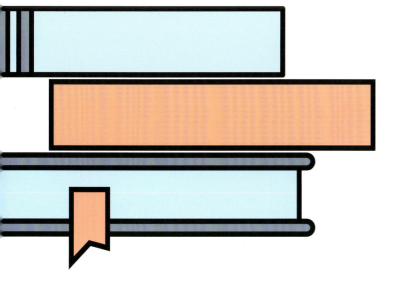

ቈ	ቈ	ቈ					
ቊ	ቊ	ቊ					
ቋ	ቋ	ቋ					
ቌ	ቌ	ቌ					
ቍ	ቍ	ቍ					
ኈ	ኈ	ኈ					
ኊ	ኊ	ኊ					
ኋ	ኋ	ኋ					
ኌ	ኌ	ኌ					
ኍ	ኍ	ኍ					
ኰ	ኰ	ኰ					
ኲ	ኲ	ኲ					

ኳ	ኳ	ኳ					
ኴ	ኴ	ኴ					
ኵ	ኵ	ኵ					
ዀ	ዀ	ዀ					
ዂ	ዂ	ዂ					
ዃ	ዃ	ዃ					
ዄ	ዄ	ዄ					
ዅ	ዅ	ዅ					
ጐ	ጐ	ጐ					
ጒ	ጒ	ጒ					
ጓ	ጓ	ጓ					
ጔ	ጔ	ጔ					
ጕ	ጕ	ጕ					

ሀ ___ ___

Habel

ለ ___ ___

lewez

ሐ ___ ___

Hakim

መ ___ ___

Mekina

ሠ ___ ___ ___

Serawit

ረ ___ ___

Rejim

ሰ ___ ___

Semay

ሸ ___ ___ ___

Shererit

ቀ ___ ___

___ ___ ___

Keste Damena

በ ___

Ber

ቮ ___ ___

Volsse

ተ ___ ___

Terara

ቸ ___ ___ ___

chekolate

ኅ ___ ___

Halafi

ነ ___ ___

Neber

___ ኛ

Wagne

አ ___ ___

Abeba

ከ ___ ___

Kebero

___ ኸ

Tchohe

ወ ___ ___ ___

Weneber

ዐ ___ ___

Ayen

ዘ ___ ___

Zettegn

___ ዠ ___

Qqezhet

የ ___ ___ ___

ወፍ

Yelelit Wef

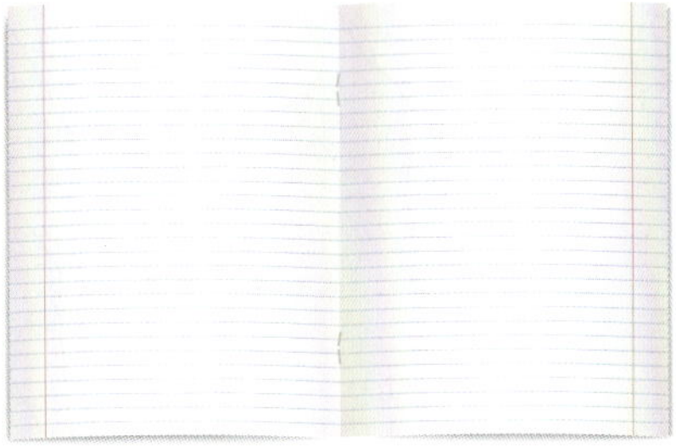

ደ ____ ____ ____

Debter

ጀ ____ ____

Jebena

ገ ____ ____

Gebere

ጠ ____ ____ ____

Ttereppeza

ጨ ____ ____

TchereQqa

ጰ ____ ____ ____

PpeliQqon

ጸ ____ ____

Tsegur

ፀ ____ ____

Tsehay

ፈ ____ ____

Feress

You Did It... ____ **!**

P'e

ልጆች ፤ የትኞቹን ሶስት ቃላት ታስታውሳላችሁ?

Which 3 Words do you remember?

1) _____

2) _____

3) _____

1	2	3	4	5	6	7
ግዕዝ	ካዕብ	ሳልስ	ራብዕ	ሐምስ	ሳድስ	ሳብዕ
ሀ	ሁ	ሂ	ሃ	ሄ	ህ	ሆ
H'a	H'u	H'i	H'a	H'ae	H'e	H'o
ለ	ሉ	ሊ	ላ	ሌ	ል	ሎ
L'e	L'u	L'i	L'a	L'ae	L'e-e	L'o
ሐ	ሑ	ሒ	ሓ	ሔ	ሕ	ሖ
H'a	H'u	H'i	H'a	H'ae	H'e	H'o
መ	ሙ	ሚ	ማ	ሜ	ም	ሞ
M'e	M'u	M'i	M'a	M'ae	M'e-e	M'o
ሠ	ሡ	ሢ	ሣ	ሤ	ሥ	ሦ
S'e	S'u	S'i	S'a	S'ae	S'e-e	S'o
ረ	ሩ	ሪ	ራ	ሬ	ር	ሮ
R'e	R'u	R'i	R'a	R'ae	R'e-e	R'o
ሰ	ሱ	ሲ	ሳ	ሴ	ስ	ሶ
S'e	S'u	S'i	S'a	S'ae	S'e-e	S'o
ሸ	ሹ	ሺ	ሻ	ሼ	ሽ	ሾ
Sh'e	Sh'u	Sh'i	Sh'a	Sh'ae	Sh'e-e	Sh'o
ቀ	ቁ	ቂ	ቃ	ቄ	ቅ	ቆ
Qq'e	Qq'u	Qq'i	Qq'a	Qq'ae	Qq'e-e	Qq'o

በ	ቡ	ቢ	ባ	ቤ	ብ	ቦ
B'e	B'u	B'i	B'a	B'ae	B'e-e	B'o
ቨ	ቩ	ቪ	ቫ	ቬ	ቭ	ቮ
V'e	V'u	V'i	V'a	V'ae	V'ee	V'o
ተ	ቱ	ቲ	ታ	ቴ	ት	ቶ
T'e	T'u	T'i	T'a	T'ae	T'ee	T'o
ቸ	ቹ	ቺ	ቻ	ቼ	ች	ቾ
Ch'e	Ch'u	Ch'i	Ch'a	Ch'ae	Ch'e-e	Ch'o
ኀ	ኁ	ኂ	ኃ	ኄ	ኅ	ኆ
H'a	H'u	H'i	H'a	H'ae	H'e	H'o
ነ	ኑ	ኒ	ና	ኔ	ን	ኖ
N'e	N'u	N'i	N'a	N'ae	N'e-e	N'o
ኘ	ኙ	ኚ	ኛ	ኜ	ኝ	ኞ
gn’e	gn’u	gn’i	gn’a	gn’ae	gn’e-e	gn’o
አ	ኡ	ኢ	ኣ	ኤ	እ	ኦ
‘a	‘u	‘i	‘a	‘ae	‘e-e	‘o
ከ	ኩ	ኪ	ካ	ኬ	ክ	ኮ
K'e	K'u	K'i	K'a	K'ae	K'e-e	K'o
ኸ	ኹ	ኺ	ኻ	ኼ	ኽ	ኾ
H'e	H'u	H'i	H'a	H'ae	H'e-e	H'o

ወ	ዉ	ዊ	ዋ	ዌ	ው	ዎ
W'e	W'u	W'i	W'a	W'ae	W'e-e	W'o
ዐ	ዑ	ዒ	ዓ	ዔ	ዕ	ዖ
'a	'u	'i	'a	'ae	'e-e	'o
ዘ	ዙ	ዚ	ዛ	ዜ	ዝ	ዞ
Z'e	Z'u	Z'i	Z'a	Z'ae	Z'e-e	Z'o
ዠ	ዡ	ዢ	ዣ	ዤ	ዥ	ዦ
Zh'e	Zh'u	Zh'i	Zh'a	Zh'ae	Zh'e-e	Zh'o
የ	ዩ	ዪ	ያ	ዬ	ይ	ዮ
Y'e	Y'u	Y'i	Y'a	Y'ae	Y'e-e	Y'o
ደ	ዱ	ዲ	ዳ	ዴ	ድ	ዶ
D'e	D'u	D'i	D'a	D'ae	D'e-e	D'o
ጀ	ጁ	ጂ	ጃ	ጄ	ጅ	ጆ
J'e	J'u	J'i	J'a	J'ae	J'e-e	J'o
ገ	ጉ	ጊ	ጋ	ጌ	ግ	ጎ
G'e	G'u	G'i	G'a	G'ae	G'e-e	G'o
ጠ	ጡ	ጢ	ጣ	ጤ	ጥ	ጦ
Tt'e	Tt'u	Tt'i	Tt'a	Tt'ae	Tt'e-e	Tt'o
ጨ	ጩ	ጪ	ጫ	ጬ	ጭ	ጮ
Tch'e	Tch'u	Tch'i	Tch'a	Tch'ae	Tch'e-e	Tch'o

ጰ	ጱ	ጲ	ጳ	ጴ	ጵ	ጶ
Pp'e	Pp'u	Pp'i	Pp'a	Pp'ae	Pp'e-e	Pp'o
ጸ	ጹ	ጺ	ጻ	ጼ	ጽ	ጾ
Ts'e	Ts'u	Ts'i	Ts'a	Ts'ae	Ts'e-e	Ts'o
ፀ	ፁ	ፂ	ፃ	ፄ	ፅ	ፆ
Ts'e	Ts'u	Ts'i	Ts'a	Ts'ae	Ts'e-e	Ts'o
ፈ	ፉ	ፊ	ፋ	ፌ	ፍ	ፎ
F'e	F'u	F'i	F'a	F'ae	F'e-e	F'o
ፐ	ፑ	ፒ	ፓ	ፔ	ፕ	ፖ
P'e	P'u	P'i	P'a	P'ae	P'e-e	P'o

1	፩	አንድ	An'd
2	፪	ሁለት	Hulet
3	፫	ሶስት	Sost
4	፬	አራት	Arat
5	፭	አምስት	Amist
6	፮	ስድስት	Sidist
7	፯	ሰባት	Sebat
8	፰	ስምንት	Simint
9	፱	ዘጠኝ	Zetegn
10	፲	አሥር	Asir
20	፳	ሀያ	Haya
30	፴	ሰላሳ	Selasa
40	፵	አርባ	Arba
50	፶	ሀምሳ	Hamsa
60	፷	ስልሳ	Silsa

70	፸	ሰባ	Seba
80	፹	ሰማንያ	Semanya
90	፺	ዘጠና	Zetena
100	፻	መቶ	Meto
1000	፲፻	አንድ ሺህ	An'd
10000	፻፻	አስር ሺህ	Asir
100000	፲፻፻	መቶ ሺህ	Meto

17 = 10 + 7 = ፲ ፯

12	10 + 2	________________
73	70 + 3	________________
41	40 + 1	________________
86	80 + 6	________________
59	50 + 9	________________
150	100 + 50	________________

ስም NAME

ሙአለህፃናት ዲፕሎማ
KINDERGARTEN DIPLOMA

Name Surname

____

ታላቅ ስራ!	Great job!
በጣም ጥሩ!	Really excellent!
ታኮሪአለሽ /ታኮራለህ !	You make me proud!

______________________ ቀን DATE

______________________ የወላጅ ፊርማ PARENT SIGNATURE

#1